Lectures

Les Lectures ELI présentent une gamme complète de publications allant des histoires contemporaines et captivantes aux émotions éternelles des grands classiques. Elles s'adressent aux lecteurs de tout âge et sont divisées en trois collections : Lectures ELI Poussins, Lectures ELI Juniors, Lectures ELI Seniors. En dehors de la qualité éditoriale, les Lectures ELI fournissent un support didactique facile à gérer et capturent l'attention des lecteurs avec des illustrations ayant un fort impact artistique et visuel.

FSC
www.fsc.org
MIXTE
Papier issu
de sources
responsables
FSC® C019318

La certification du Conseil de la bonne gestion forestière ou FSC certifie que les coupes forestières pour la production du papier utilisé pour ces publications ont été effectuées de manière responsable grâce à des pratiques forestières respectueuses de l'environnement.

ECO-LIBRIS
www.ecolibris.net

Cette collection de lectures choisies et graduées = 5000 arbres plantés.

Domitille Hatuel

Au cœur de la GUYANE

Illustrations de Lucia Sforza

Lectures ELI Juniors — PIERRE BORDAS ET FILS

Domitille Hatuel
Au cœur de la Guyane
Illustrations de Lucia Sforza

Lectures ELI
Création de la collection et coordination éditoriale
Paola Accattoli, Grazia Ancillani, Daniele Garbuglia (Directeur artistique)

Conception graphique
Airone Comunicazione – Sergio Elisei

Mise en page
Airone Comunicazione

Responsable de production
Francesco Capitano

© 2016 ELI S.r.l.
B.P. 6 - 62019 Recanati - Italie
Tél. +39 071 750701
Fax +39 071 977851
info@elionline.com
www.elionline.com

Fonte utilisée 13 / 18 points Monotype Dante

Achevé d'imprimer en Italie par Tecnostampa – Pigini Group
Printing Division Loreto – Trevi
ERT 127.01
ISBN 978-88-536-1872-6

Première édition Mars 2016

www.eligradedreaders.com

Sommaire

6		Les personnages principaux
8	Chapitre 1	**Direction la Guyane**
16		Activités
18	Chapitre 2	**Premières surprises effrayantes**
26		Activités
28	Chapitre 3	**Rencontre indigène**
36		Activités
38	Chapitre 4	**Le long du Maroni**
46		Activités
48	Chapitre 5	**Retour à la civilisation**
56		Activités
58	Gros plan	**La Guyane, une France du bout du monde**
60	Gros Plan	**Les centres spatiaux**
62		Test final
63		Contenus

Les parties de l'histoire enregistrées sur le CD sont signalées par les symboles qui suivent :

Début ▶ **Fin** ■

Les personnages principaux

Robert

Samuel

Maya

Naïma

Norman

Deux guides amérindiens

Monsieur Bercault

Zacharie

Mono

Chapitre 1

Direction la Guyane

▶ 2 — Ça y est ! Je suis prête, dit Naïma avec enthousiasme à ses amis devant le lycée.

— Moi aussi, ajoute aussitôt Samuel. Et vous, ça va ? Zacharie ? Maya ?

— Oui, j'ai fini de préparer mes affaires, précise Zacharie. J'ai tout pris, enfin, j'espère…

— Et toi Maya ? Tu ne dis rien ? Tu es bien silencieuse. Ça ne va pas ?

— Si, si…

— Je te connais, dit Naïma. Qu'est-ce que tu as ? Si tu as un peu peur, je te comprends. Moi aussi, j'ai un peu le cœur gros* de partir si loin de chez moi et en plus dans la jungle, mais c'est aussi très excitant ! Tu ne crois pas ?

— Mais, oui tu as raison. C'est juste que je ne vois jamais mon père et du coup là je vais encore moins le voir.

— Oh, ça va aller. Il ne faut pas t'inquiéter. Moi

Avoir le cœur gros être triste

non plus, je ne vois pas beaucoup le mien, tu sais, précise Naïma.

— Oui, mais c'est différent pour toi. Tu vis dans la même ville que lui ! Moi, il vit à Bruxelles avec ma demi-sœur et je les vois uniquement pendant les vacances !

— C'est vrai, mais tu verras, ça ira. Maintenant que tu es engagée dans cette aventure, rien ne doit t'arrêter !

— Oui oui… tu as raison ! Je suis prête… et j'ai hâte* de partir !

— Moi aussi, j'attends ce moment avec impatience… On se retrouve à l'aéroport demain matin, comme convenu, confirme Zacharie.

Les amis se quittent. Demain, ils partent pour la Guyane, ce pays français au-delà de l'océan Atlantique. C'est le père de Samuel, Monsieur Bercault, qui a organisé cette expédition. Il travaille au centre spatial de Toulouse et connaît très bien la Guyane parce qu'il a vécu pendant quelques années à Kourou, là où se trouve la base

Avoir hâte être impatient

CHAPITRE I

spatiale française. Avec son ami, Robert, directeur du zoo de Cayenne, ils ont préparé cette aventure au cœur de la jungle. Le but est de découvrir une partie de la France lointaine, de vivre en contact étroit avec une nature difficile et d'observer la faune et la flore. Robert veut aussi récupérer des espèces d'insectes rares pour son zoo. Les jeunes vont devoir l'aider. Les adolescents sélectionnés sont des amis de Samuel, mais aussi des élèves sérieux, motivés et sportifs parce qu'une telle expérience n'a rien de facile.

Le lendemain, après un court vol Toulouse-Paris, tout le monde s'installe dans l'Airbus A340. Il est 10h45 à Paris, l'avion décolle.
— J'espère que le vol se passera bien, dit Maya.
— Moi, je n'ai jamais pris l'avion pour une si longue distance, avoue Naïma.
— 9 heures, ça va être long, dit Samuel.
— J'ai des jeux de cartes, dit Zacharie.
— Oui, et vous allez manger, regarder des films et dormir, ajoute Monsieur Bercault.

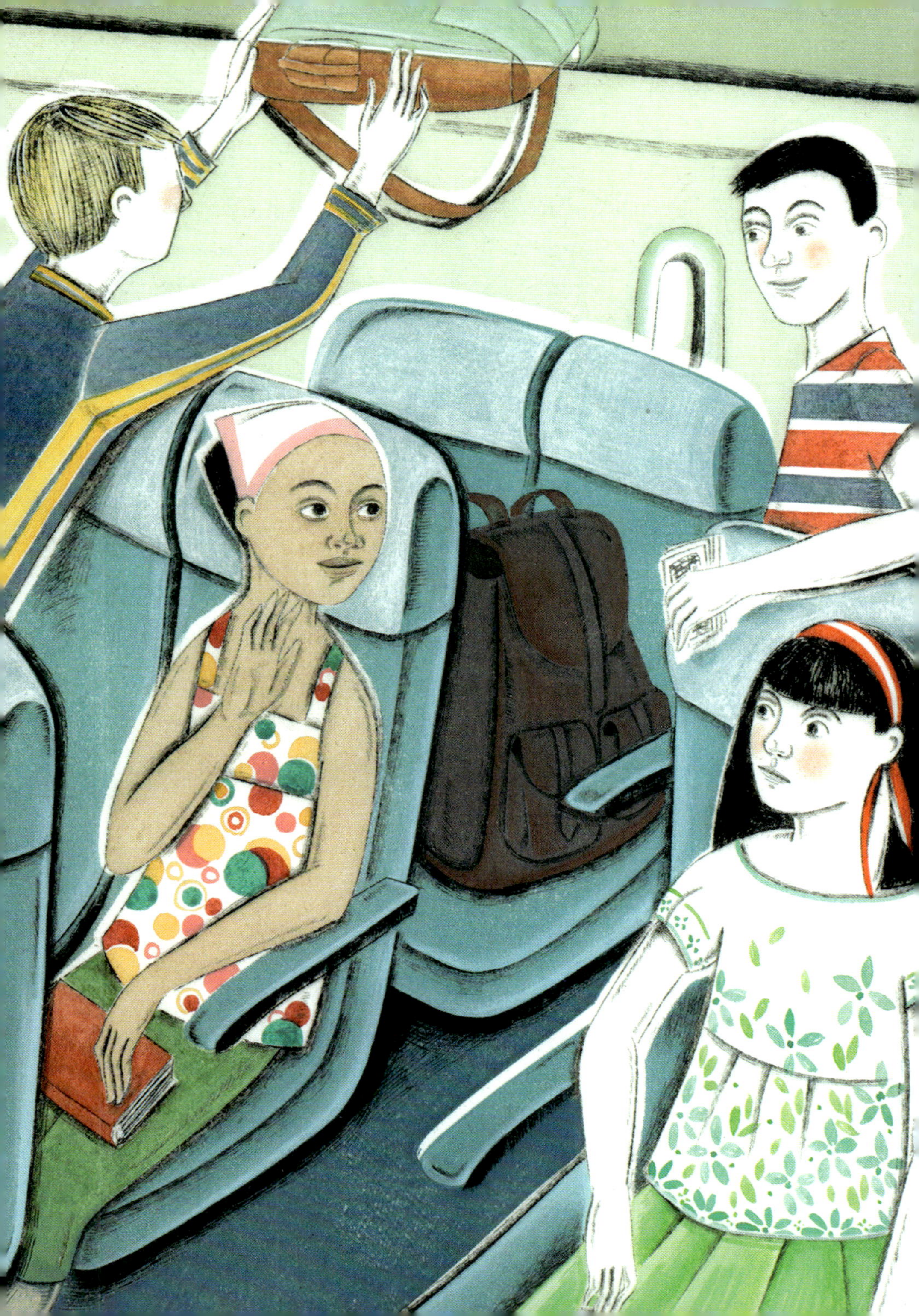

CHAPITRE I

Le vol a duré 9 heures, mais lorsque l'avion atterrit à Cayenne, il n'est que 14h40 à cause du décalage horaire* ! À l'aéroport, le petit groupe est accueilli par Robert, le directeur du zoo et Norman, le guide qui va les accompagner tout au long de leur aventure. Norman est né ici et connaît très bien la jungle. Il se présente et demande aussitôt :

— J'espère que vous avez bien vos vaccins à jour, vous savez que vous ne pouvez pas aller dans la jungle sans ça.

— Oui, on a tous fait nos vaccins contre la fièvre jaune et le traitement antipaludique.

— C'est vraiment important. Vous allez voir, il fait très chaud, c'est très humide et la forêt est pleine d'insectes.

— Oui, on sait…

— Non, non, vous ne savez pas ! Vous allez être étonnés ! Venez, on sort !

La porte s'ouvre et là… les copains se retrouvent assaillis par une chaleur suffocante.

— Waouh ! Quelle chaleur ! s'écrie aussitôt Maya.

Le décalage horarire la différence de fuseau horaire

— Je vous l'avais dit, dit Norman qui rit avec Monsieur Bercault et Robert.

Le groupe rejoint un minibus, direction le centre-ville. Il y a déjà tant à faire et à voir, il ne faut pas perdre de temps.

— Voici la Place des Palmistes. Au départ, cette place s'appelait la place de la savane car elle était recouverte d'herbes. Puis, on y a planté des palmiers royaux et on l'a appelée la Place des Palmistes ! C'est un lieu de vie et de rencontres des Cayennais. Le soir, il y a des roulottes qui vendent de la nourriture. C'est vraiment sympa !

— Et là, c'est quoi ? demande Zacharie.

— Ça, c'est le jardin botanique. Au XVIIIe siècle, il appartenait à Louis XVI. Il s'en servait comme une pépinière* pour les plantes et les arbres venus du monde entier. On l'appelait le Jardin du Roi. C'est au XIXe siècle que le jardin est devenu un jardin botanique et un parc floral. On continue notre route… Voici la place du marché. Vous avez de la chance, nous sommes

La pépinière terrain d'arbres et de plantes destinés à être replantés

CHAPITRE I

samedi, jour de marché ! Il faut profiter de ce lieu !

Le mini bus s'arrête et libère nos jeunes aventuriers. Il y a beaucoup de monde aussi bien à l'extérieur que dans la grande halle où les jeunes Français ne connaissent presque aucun des produits vendus ici. Les vendeuses interpellent les jeunes touristes un peu égarés* dans ce décor. Norman propose alors de boire un jus de fruits frais. Le choix est varié et étonnant : jus de goyave, de maracudja, de coco, de corossol, de mangue… Après cette pause gourmande, tout le monde regagne le bus. Prochain arrêt, l'auberge de jeunesse pour une nuit. Demain, à l'aube, l'expédition commence vraiment !

Égaré perdu

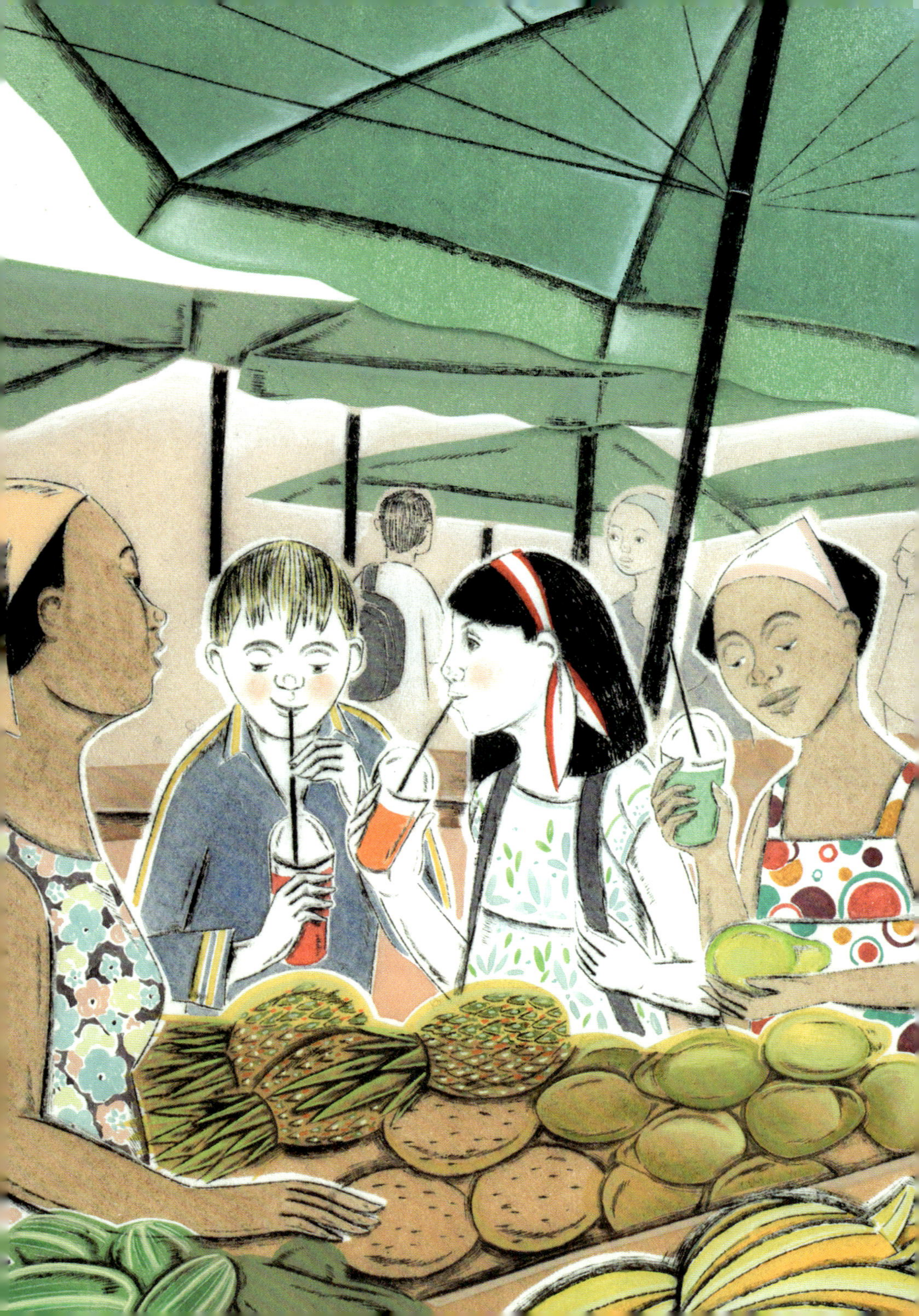

Activités de post-lecture

Compréhension

1 Vrai ou faux ? Coche les bonnes réponses.

		V	F
	Les copains ont préparé leurs affaires.	☑	☐
1	Maya est très bavarde.	☐	☐
2	Naïma ne voit pas souvent son père.	☐	☐
3	Le père de Maya vit à Toulouse.	☐	☐
4	Monsieur Bercault est le père de Samuel.	☐	☐
5	Monsieur Bercault habite en Guyane.	☐	☐
6	Robert est un ami de Monsieur Bercault.	☐	☐
7	Les copains sont tous sérieux et sportifs.	☐	☐

2 Réponds aux questions.

Comment voyagent les copains ?
Ils voyagent en avion.

1 Combien d'heures dure le vol ?
Le vol dure 9 heures

2 Qu'ont apporté les copains pour passer le temps ?
Ils ont apporté des jeux de cartes

3 Qui accueille le groupe en Guyane ?
Robert et Norman accueillent le groupe en Guyane

4 Qui est Norman ?
Norman est le guide qui va accompagner le groupe dans la jungle

5 Quels vaccins faut-il faire pour aller dans la jungle ?
Il faut faire le vaccin contre la fièvre jaune et un traitement anti-paludique

Grammaire

3 **Complète avec les adjectifs donnés. Attention aux accords !**

> heureux • royal • frais • humide • gourmand • chaud • grand • jeune

Les copains vont aller dans une forêt *chaude* et *humide* .
1 Sur la place, il y a des palmiers *royaux* .
2 Les *jeunes* aventuriers sont *heureux* de visiter le marché.
3 Ils pénètrent dans une *grande* halle.
4 Ils font une pause *gourmande* .
5 Ils boivent un jus de fruits *frais* .

Production

4 **Regarde l'illustration de la page 15 et décris le marché : indique les couleurs et les fruits que tu reconnais.**

5 **Tu as déjà pris l'avion ? Raconte ton expérience : le voyage était-il long, qu'est-ce que tu as fait pour passer le temps ?**
Si tu n'as jamais pris l'avion, imagine.

6 **Naïma tient un journal de bord dans lequel elle raconte l'aventure du groupe. Écris cette première journée de voyage et l'arrivée à Cayenne. Utilise les mots donnés.**

> avion • vol • copains • ville • chaleur • marché • fruits • aventure

Chapitre 2

Premières surprises effrayantes

▶3 C'est le matin. Il est très tôt et le petit groupe quitte déjà Cayenne. Une heure de minibus est prévue pour rejoindre l'entrée du marais de Kaw. Cette région est très isolée et le village de Kaw est accessible uniquement en pirogue. Il faut préparer les embarcations, mais Monsieur Bercault remarque que Maya ne va pas bien.

— Qu'est-ce qui ne va pas Maya ? Tu ne te sens pas bien, tu es fatiguée ?

— Elle pense à son père, explique Naïma. Maya, écoute, on a préparé cette mission ensemble. Tu ne peux pas nous abandonner ! Tu verras ton père au retour et tu auras des tas de choses à lui raconter. Il sera fier de toi ! S'il te voit épanouie* et heureuse, il ne t'en voudra pas.

— Tu as sûrement raison…

— Allez, aide-nous. On a des choses à faire.

Il faut porter le matériel et c'est lourd. Les

Être épanoui être heureux

AU CŒUR DE LA GUYANE

premiers efforts physiques commencent. Il fait très chaud et tout le monde fatigue vite parce que personne n'est habitué à cette température. Maya transpire aussi, mais se met au travail avec les autres.

Tout le monde embarque sur une pirogue tandis qu'une deuxième embarcation suit* : il faut de la nourriture, de l'eau, des sacs de couchage* et du matériel de marche.

La pirogue démarre et entre dans la zone du marais. Tout à coup, la pluie se met à tomber très fort. Il faut vite se protéger sous des ponchos. Norman explique :

— Cette réserve est une zone essentiellement marécageuse* et montagneuse et c'est un des secteurs les plus pluvieux de Guyane. Nous allons arriver dans une heure. Patience !

Pendant le trajet, Robert commente :

— Cette réserve naturelle représente la troisième réserve naturelle de France par sa superficie. Vous êtes dans la plus vaste zone humide de France !

Suivre rester derrière
Le sac de couchage sac pour dormir
Marécageux région de marais

CHAPITRE 2

— C'est immense, dit Maya. Mais, là-bas, on voit de la savane, exact ? dit la jeune fille en montrant du doigt une étendue.

— Oui, la végétation est une savane inondée. Vous comprenez pourquoi avec l'eau qui tombe !

— Quelle est la végétation ?

— La végétation principale est composée de moucou moucou…

— Pardon ? C'est quoi ?

Robert explique qu'il s'agit d'une plante parasite qui envahit tout. Il montre aussi des jacinthes d'eau qui créent des tapis flottants.

— C'est tellement beau, s'extasie Maya.

— Oui, mais cette plante en trop grande quantité diminue la lumière et crée des déséquilibres de la faune aquatique.

— Quelle faune peut-on rencontrer ? demande Samuel.

— Ah ! Eh bien, vous allez voir de belles espèces d'oiseaux comme les hérons ou le remarquable coq de roche orange, oiseau emblématique de ces

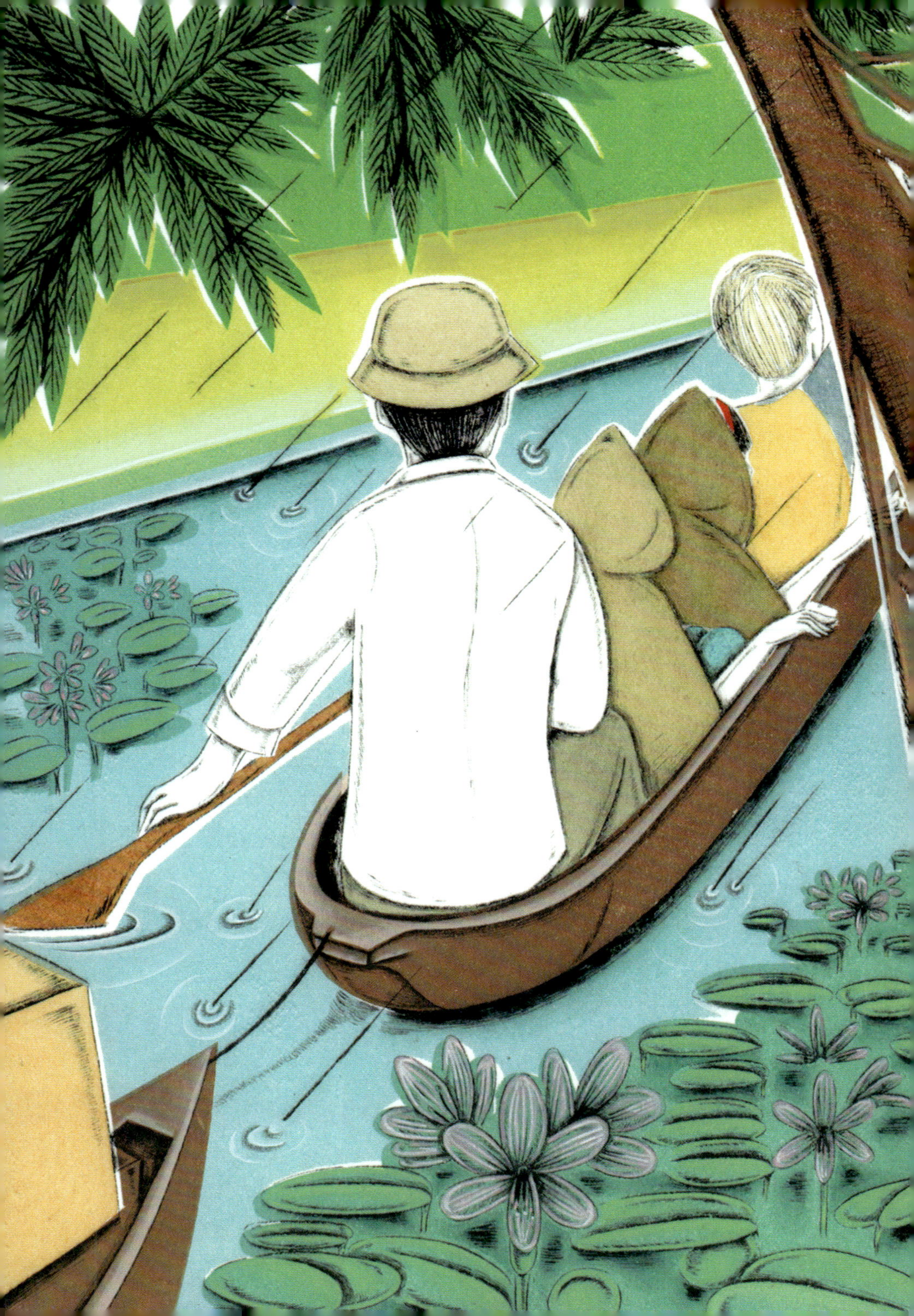

CHAPITRE 2

lieux et des ibis rouges aussi. Et sous ces eaux, il y a des caïmans noirs, des loutres géantes et des lamantins…

— Tu oublies de leur parler des jaguars ! ajoute Monsieur Bercault.

— C'est pas très rassurant, dit Maya.

Tout à coup, la jeune fille désigne une masse sombre et demande :

— Et là, qu'est-ce que c'est ?

— Vous avez de la chance, précise Robert. C'est un nid de caïmans, vous voyez les œufs ?

— Quoi, un nid de caïmans ?

— Oui, c'est la période de ponte. Les caïmans font un nid dans lequel ils enferment les œufs. La mère ne couve pas, mais surveille et reste toujours à proximité. Attention !

Les amis sont émerveillés par les paysages qui se développent sous leurs yeux et en même temps, ils craignent* de faire le moindre mouvement de peur de tomber à l'eau…

Enfin, la pluie a cessé et Norman indique une barge* :

Craindre avoir peur   **La barge** le bateau

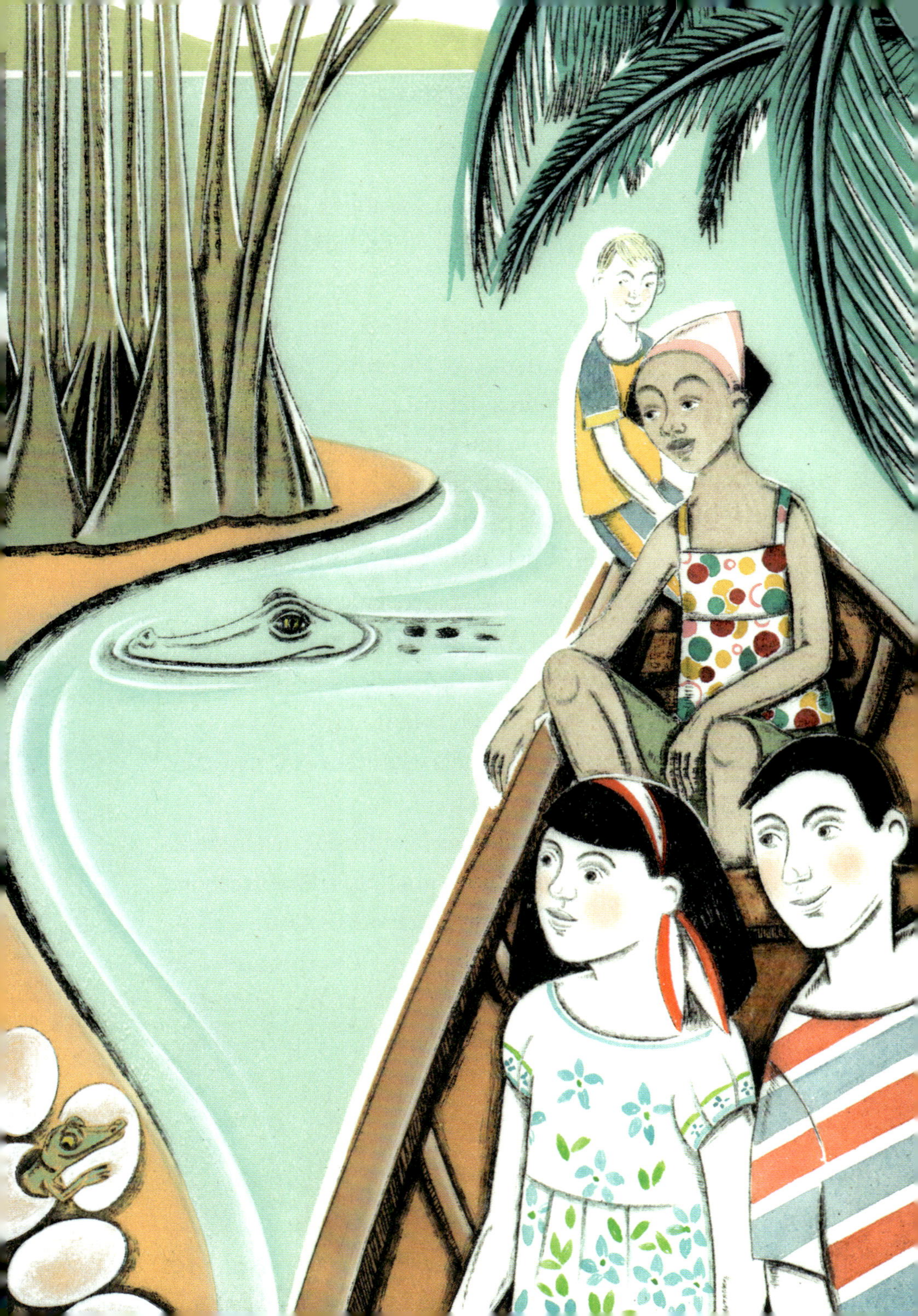

CHAPITRE 2

— Voilà, c'est ici que nous allons arrimer*, sur une barge flottante.

Entre fatigue et excitation, il faut installer le premier campement de l'aventure. Tous les jours ou presque il faudra défaire les lits, donc tout est calculé pour être le plus efficace possible. Chacun son hamac dans un carbet* !

Maya aidée par Zacharie a retrouvé le sourire. Elle ouvre alors un coffre pour sortir des duvets*, mais son cœur se met à battre et la jeune fille crie :

— Au secours ! À l'aide !

Un serpent a surgi à côté d'elle et passe entre ses jambes. Norman intervient :

— Ne bouge plus, Maya. Calme-toi ! Ça va aller. Laisse-moi faire. Attends.

Le guide n'hésite pas à attraper le serpent. Maya ne parle plus, ne bouge plus. Elle est livide et paralysée par la peur. Norman explique :

— Il ne faut pas avoir peur… Les serpents font toujours peur, mais celui-ci n'est pas considéré comme dangereux. C'est un serpent liane.

Arrimer fixer
Le carbet abri de bois sans mur, typique des cultures amérindiennes, en général conçu pour attacher des hamacs
Le duvet sac de couchage

AU CŒUR DE LA GUYANE

Regardez… Et le guide passe la bête autour de son cou. Qui veut essayer ?

— Merci, je passe mon tour, dit Maya au bord de l'évanouissement.

Activités de post-lecture

Compréhension

1 Coche la bonne réponse.

Le groupe quitte Cayenne
- **a** ☑ le matin.
- **b** ☐ l'après-midi.
- **c** ☐ le soir.

1 Il y a
- **a** ☐ une pirogue.
- **b** ☐ deux pirogues.
- **c** ☐ trois pirogues.

2 Il
- **a** ☐ fait beau.
- **b** ☐ pleut.
- **c** ☐ fait froid.

3 Ils sont dans
- **a** ☐ une ville ancienne.
- **b** ☐ un village protégé.
- **c** ☐ une réserve naturelle.

4 La végétation principale est composée de
- **a** ☐ fleurs roses.
- **b** ☐ moucou moucou.
- **c** ☐ herbes vertes.

5 Cette plante
- **a** ☐ est un parasite.
- **b** ☐ se mange.
- **c** ☐ crée un tapis végétal.

Vocabulaire

2 Écris le nom des animaux sous chaque photo. Aide-toi du texte.

le jaguar

1 ....

2 ....

3 ....

4 ....

5 ....

3 Associe le mot à sa définition.

    d la pirogue

1 ☐ le marais

2 ☐ le matériel

3 ☐ la flore

4 ☐ la faune

    a ensemble d'un équipement utile pour accomplir une mission
    b ensemble des espèces animales
    c ensemble des espèces végétales
    d embarcation légère qui fonctionne avec des pagaies ou une voile
    e région couverte par des eaux peu profondes

Grammaire

4 Complète avec le pronom relatif qui convient.

Les caïmans font un nid ....*qui*.... abrite leurs œufs.
1. Robert indique la berge .... ils vont arrimer.
2. Le coffre .... Maya ouvre est plein de surprises.
3. Il y a un serpent .... passe entre les jambes de Maya.
4. Le serpent .... il parle n'est pas dangereux.
5. Maya .... se sent mal veut se reposer.

Production

5 Écris le journal de bord de Naïma. Emploie les mots donnés.

> pirogue • végétation • pluie • animaux
> • peur • fleuve • danger

Chapitre 3

Rencontre indigène

▶ 4　La première nuit dans la jungle est agitée pour les jeunes aventuriers. Ils sont épuisés par leur journée, mais ne sont pas habitués aux bruits de la jungle et dorment mal. En effet, ici le silence n'existe pas. On entend des singes hurleurs ou encore le rugissement au loin d'un jaguar. Maya a même l'impression de voir les yeux brillants du fauve dans la nuit. C'est donc fatigué que tout le monde remonte dans la pirogue au petit matin. Heureusement, le bonheur de faire partie de cette expédition l'emporte sur la fatigue. Tout à coup, Samuel aperçoit un singe qui saute de liane en liane.

— On dirait qu'il nous suit, dit le garçon.

— C'est possible, dit Robert. Mais, ne vous inquiétez pas, il ne va pas rester. C'est un jeune singe qui s'amuse.

Mais, Robert finit à peine de parler que l'animal

saute sur la pirogue et vole* les lunettes de soleil que Naïma a posées sur sa tête.

— Oh, le voleur* ! C'est incroyable, dit Naïma. Robert est étonné, mais tout le monde rit.

La journée se poursuit sans incident et Robert est très content : avec les jeunes, il a récupéré plusieurs spécimens de différentes libellules colorées qui viendront compléter sa collection pour le zoo.

Le groupe arrive ensuite à Régina sur les bords du fleuve Approuague. Il s'installe dans un autre carbet de passage, sous la rumeur d'une cascade que l'on appelle ici un « saut ». Pour dîner, Norman apprend aux jeunes à pêcher. Ça marche ! De la farine de manioc est servie en accompagnement et elle remplit bien les estomacs. Après ce repas bien mérité, tout le monde s'installe dans son hamac. Ce soir-là, les aventuriers s'endorment vite malgré les bruits de la jungle environnante.

Au matin, la troupe repart pour une longue randonnée, direction le saut Grand Canori.

Voler prendre quelque chose sans avoir l'autorisation

Le voleur celui qui vole

CHAPITRE 3

Maya et Naïma ont des ampoules* aux pieds et souffrent beaucoup, tandis que Zacharie s'est fait piquer toute la nuit par des insectes. Il est couvert de boutons qui le grattent. Lorsque Norman et Robert leur indiquent le lieu du bivouac de la soirée, les jeunes sont contents de s'arrêter : ils enlèvent leurs chaussures et pansent* leurs blessures*. Maya aide Zacharie à mettre de la crème apaisante. Le saut du Grand Canori est immense et sublime. Les jeunes se détendent et se baignent. Cette immense cascade de 19 mètres de haut est impressionnante : les eaux bouillonnent* en permanence. Naïma fait des photos extraordinaires au-dessus de la canopée.

Quand les aventuriers retrouvent leur pirogue, le petit singe les attend.

— On dirait qu'il a décidé de nous accompagner ! dit joyeusement Naïma. Tu as mes lunettes, par hasard ?

Le singe se contente de sauter en guise* de réponse.

L'ampoule blessure
Panser soigner une plaie
La blessure plaie

Bouillonner eaux agitées
En guise à la place de

— Je crois qu'il faut lui donner un nom, propose Maya. Il nous suit partout.

— On peut l'appeler Mono, ça veut dire « singe » en espagnol, propose Samuel.

Tout le monde est d'accord et même Mono semble satisfait !

Au village de Regina, des guides amérindiens rejoignent le groupe. Ils sont là pour aider dans la jungle et montrer comment ils vivent dans cet univers hostile.

Un des guides demande aux jeunes de cueillir des feuilles de palmier. Les garçons se montrent très compétents. Une fois la cueillette terminée, le guide leur montre comment tresser ces feuilles pour en faire des nappes* ou encore des abris. Zacharie est très habile et aidé par Maya, leur nappe avance vite. C'est sur celle-ci que le repas de ce soir aura lieu.

Durant la nuit, un violent orage éclate. Les aventuriers se protègent comme ils peuvent, mais ne voient pas que la pirogue des provisions

La nappe étendue plate sur le sol

CHAPITRE 3

s'est renversée. Le lendemain matin, c'est une catastrophe et les guides ne sont plus là. Maya panique un peu. Robert et Monsieur Bercault essaient de rassurer tout le monde comme ils peuvent en ramassant ce qui peut être récupéré. Mono arrive à ce moment là en poussant des cris.

— C'est pas le moment, Mono, tu vois bien que c'est une catastrophe ici, dit Maya.

— Non, non ! Ne vous inquiétez pas ! crient les guides Amérindiens qui sont de retour.

Les hommes ne sont pas préoccupés et expliquent comment trouver de l'eau potable dans la jungle. Les lianes sont une bonne source d'hydratation : il faut faire une entaille en hauteur et couper en bas, ainsi l'eau peut s'écouler.

— Attention ! avertit un des guides Amérindiens, la bouche ne doit pas toucher la liane car celle-ci peut provoquer des allergies ou des irritations…

Avant de repartir, Norman propose une baignade, Samuel refuse :

— Mais l'eau est pleine de piranhas, c'est mon père qui me l'a dit.

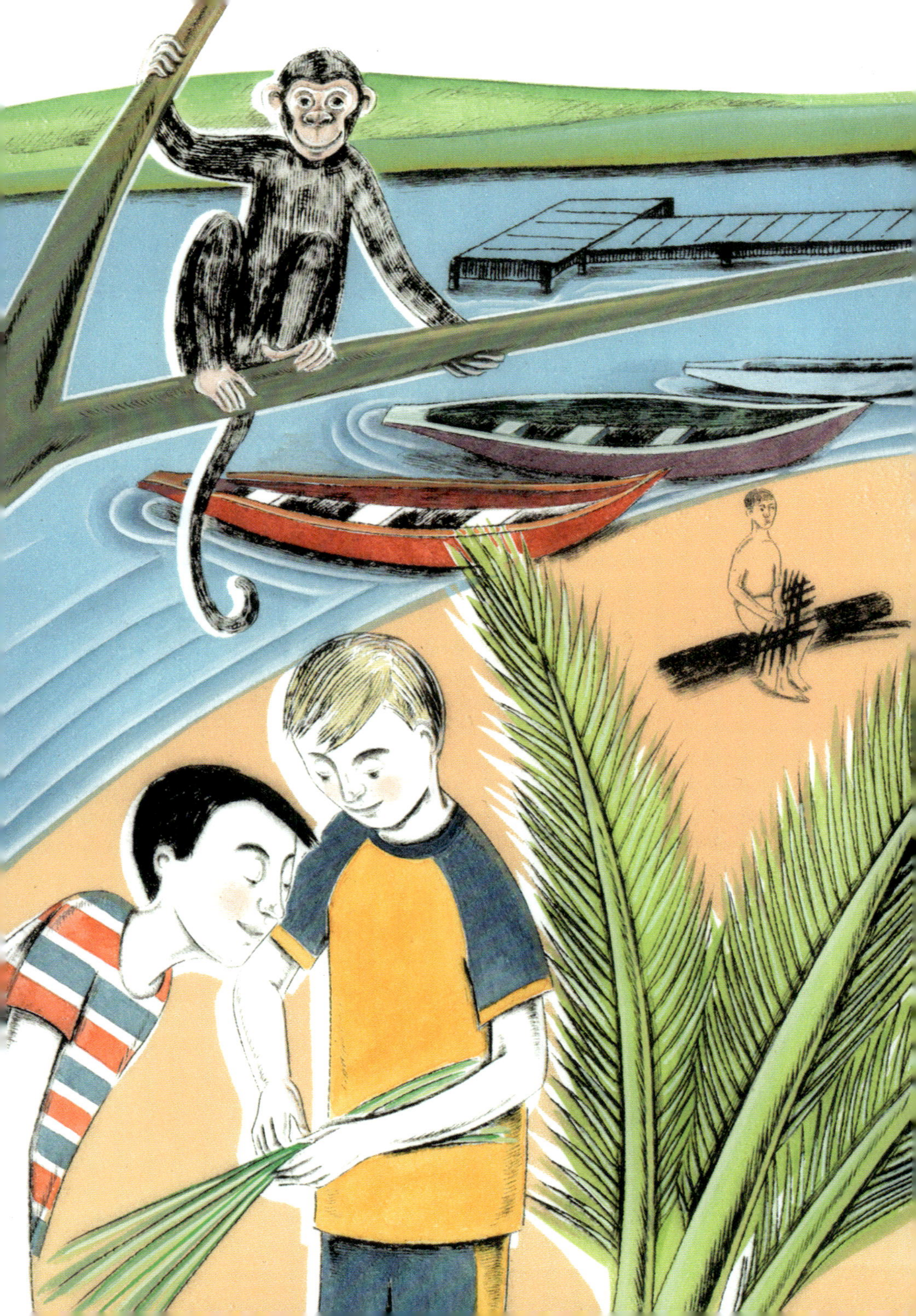

CHAPITRE 3

— Oui, mais si tu bouges les bras et les jambes, tu ne crains rien. Allez-y !

Après quelques hésitations, la petite bande se jette à l'eau, avant d'aller faire des provisions d'eau et de nourriture au prochain village.

L'aventure continue et Robert et Monsieur Bercault sensibilisent les jeunes à l'impact de la pollution sur la jungle.

Robert demande au petit groupe de venir avec lui à la recherche de mygales :

— Ces araignées sont impressionnantes par leur taille, mais elles sont rarement agressives.

Et voilà qu'un peu plus tard, Robert se retrouve avec une mygale sur la main.

— Regardez, c'est un très beau spécimen ! Je vais l'emporter avec moi pour le zoo.

Zacharie se passionne pour les animaux de la jungle et Maya reste volontiers avec son nouvel ami. Le garçon se montre protecteur, il semble apprécier la fragilité de la jeune fille. Celle-ci de son côté est heureuse de se sentir épaulée et retrouve confiance en elle.

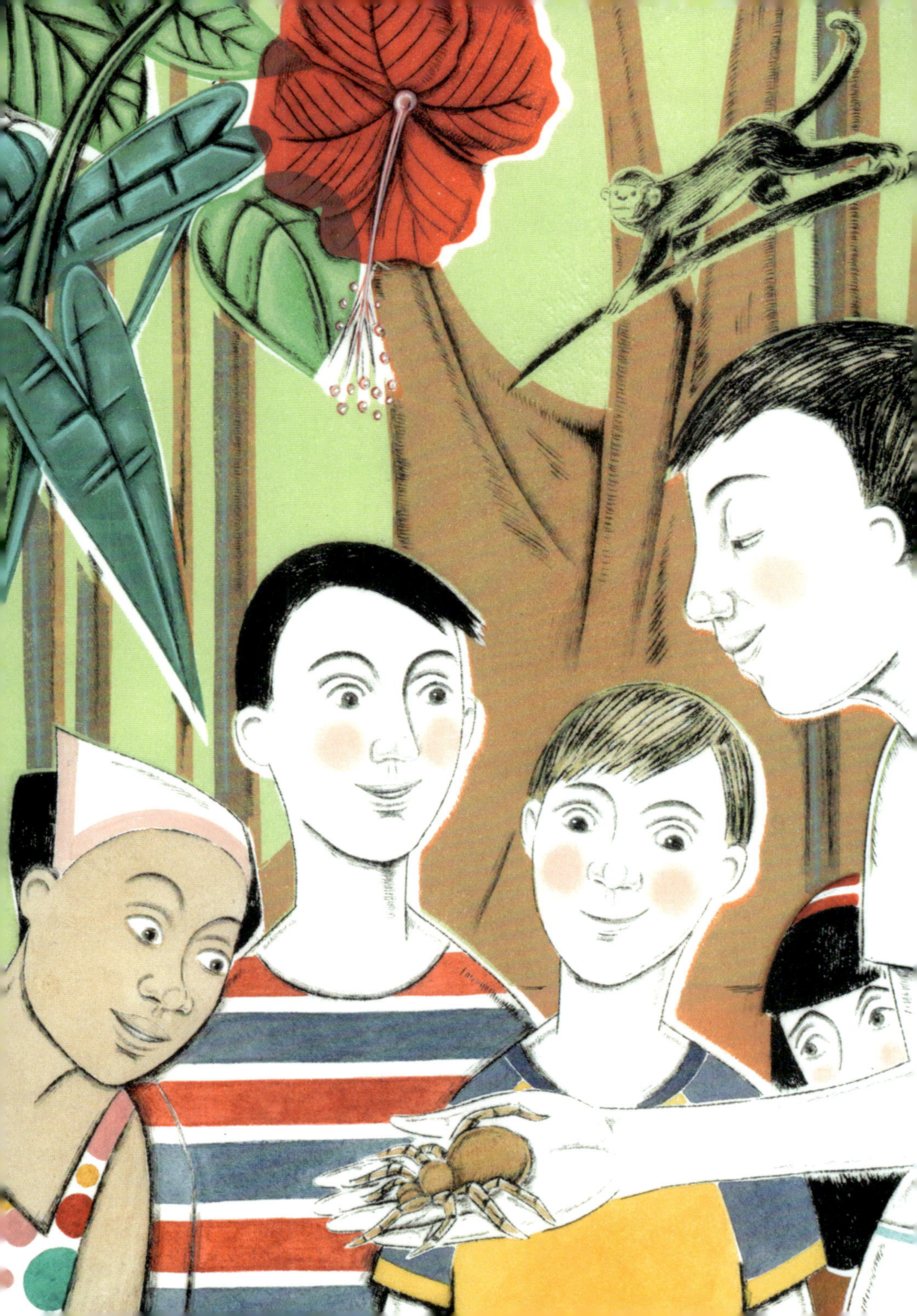

Activités de post-lecture

Compréhension

1 Vrai ou faux ? Coche les bonnes réponses.

	V	F
La nuit, la jungle est silencieuse.	☐	☑
1 Un petit singe vole les lunettes de Naïma.	☑	☐
2 Robert ne trouve aucun spécimen d'insecte.	☐	☑
3 Norman apprend aux jeunes à chasser.	☑	☐
4 Tout le monde mange du manioc.	☑	☐
5 Tout le monde dort dans un lit.	☐	☑

2 Remets les phrases dans l'ordre chronologique.

- [6] La pirogue des provisions s'est renversée.
- [5] Les Amérindiens expliquent que l'on peut boire l'eau des plantes.
- [7] Norman propose de se baigner.
- [3] Les Amérindiens ne sont pas préoccupés.
- [4] Maya panique.
- [2] L'eau de pluie a rempli des bassines.
- [1] Il y a eu un violent orage dans la nuit.

Vocabulaire

3 Complète le texte avec les mots donnés.

> insectes • crème • pieds • ampoules • douleurs

Le groupe marche beaucoup et Maya et Naïma ont mal aux ...*pieds*... : elles ont des (1) ...ampoules... . Zacharie s'est fait piquer par des (2) ...insectes... . Ils mettent tous de la (3) ...crème... pour apaiser leurs (4) ...douleurs... .

Grammaire

4 Transforme les phrases à l'imparfait.

Nous sommes les premiers habitants du pays.
Nous étions les premiers habitants du pays.

1 Les ethnies vivent le long du fleuve.
2 Les Amérindiens chassent et pêchent beaucoup.
3 Le guide explique comment faire des nappes.
4 Vous partez tôt sur le fleuve.
5 Nous finissons par dormir malgré le bruit.

5 Associe les adjectifs à leurs contraires.

c silencieux
1 heureux
2 hostile
3 compétent
4 protecteur
5 long

a triste
b incapable
c bruyant
d dédaigneux
e court
f accueillant

Production écrite

6 Continue à écrire le journal de bord de Naïma en utilisant les mots donnés.

> insectes • fatigue • crème • peur • orage •
> eau • Amérindiens

Chapitre 4

Le long du Maroni

▶5 Une autre expédition attend les jeunes aventuriers : c'est le Maroni. Toujours à bord d'une pirogue, les jeunes poursuivent leur découverte de la Guyane de Maripasoula à Saint-Laurent du Maroni. En suivant le fleuve Maroni, le groupe va naviguer à la frontière avec le Suriname et le Brésil.

Maripasoula est un bout du monde de quelques 5000 habitants en pleine Amazonie. Ici, les apprentis explorateurs sont à deux jours de pirogue de Saint Laurent du Maroni. Monsieur Bercault prévient :

— Cette ville n'a pas très bonne réputation. C'est une ville frontière et une des portes de la ruée vers l'or.

— On peut dire que c'est le far-ouest de la Guyane, ajoute Norman. Ici, on rencontre des trafiquants et des chercheurs d'or illégaux que l'on appelle des orpailleurs... Mais, c'est aussi le début du pays des Amérindiens. D'ici on peut rejoindre des lieux auxquels on n'accède pas sans autorisation préfectorale.

Pendant que Monsieur Bercault parle, on entend au loin des cris et les sirènes de voitures de police. Tout le monde se précipite pour voir ce qui se passe. Là, en direct, ils assistent à l'arrestation de plusieurs hommes. Plus tard, ils apprendront qu'il s'agissait d'orpailleurs illégaux qui avaient installé une énorme barge un peu plus haut sur le Maroni et extrayaient des kilos d'or. Les jeunes ne se sentent pas en sécurité, et sont un peu déçus par la ville. Le lendemain, ils sont contents de reprendre leur pirogue.

Sur le Maroni, on peut voir de nombreuses îles. Certaines sont surinamaises, d'autres sont françaises. Le Maroni est composé d'environ 200 sauts et passages difficiles. Les sauts sont très bruyants et sur les conseils de Norman, les jeunes contournent les plus dangereux à pieds. De

CHAPITRE 4

nombreux villages sont installés le long du fleuve, mais les aventuriers ne peuvent pas s'arrêter partout. Norman explique :

— Le Maroni constitue un pilier pour la population multi-ethnique qui vit sur ses berges. Il permet de se déplacer, de communiquer, de se nourrir, de réaliser les gestes quotidiens de la vie : se laver, faire la vaisselle, la lessive. Ce qui fait du Maroni un fleuve hors du commun.

Une grosse barge se trouve au milieu de l'eau et Samuel demande de quoi il s'agit. Robert prend la parole :

— Vous voyez, c'est une barge qui fouille* le lit du fleuve à la recherche d'or.

— Comme celle des orpailleurs de Maripasoula ? demande Zacharie.

— Oui, c'est ça. Mais, vous devez bien avoir conscience que la récupération de l'or provoque le déboisement des sites naturels.

— Comment ça ?

— Les orpailleurs projettent un jet d'eau à haute pression sur les graviers et les sables qui

Fouiller creuser dans le sol

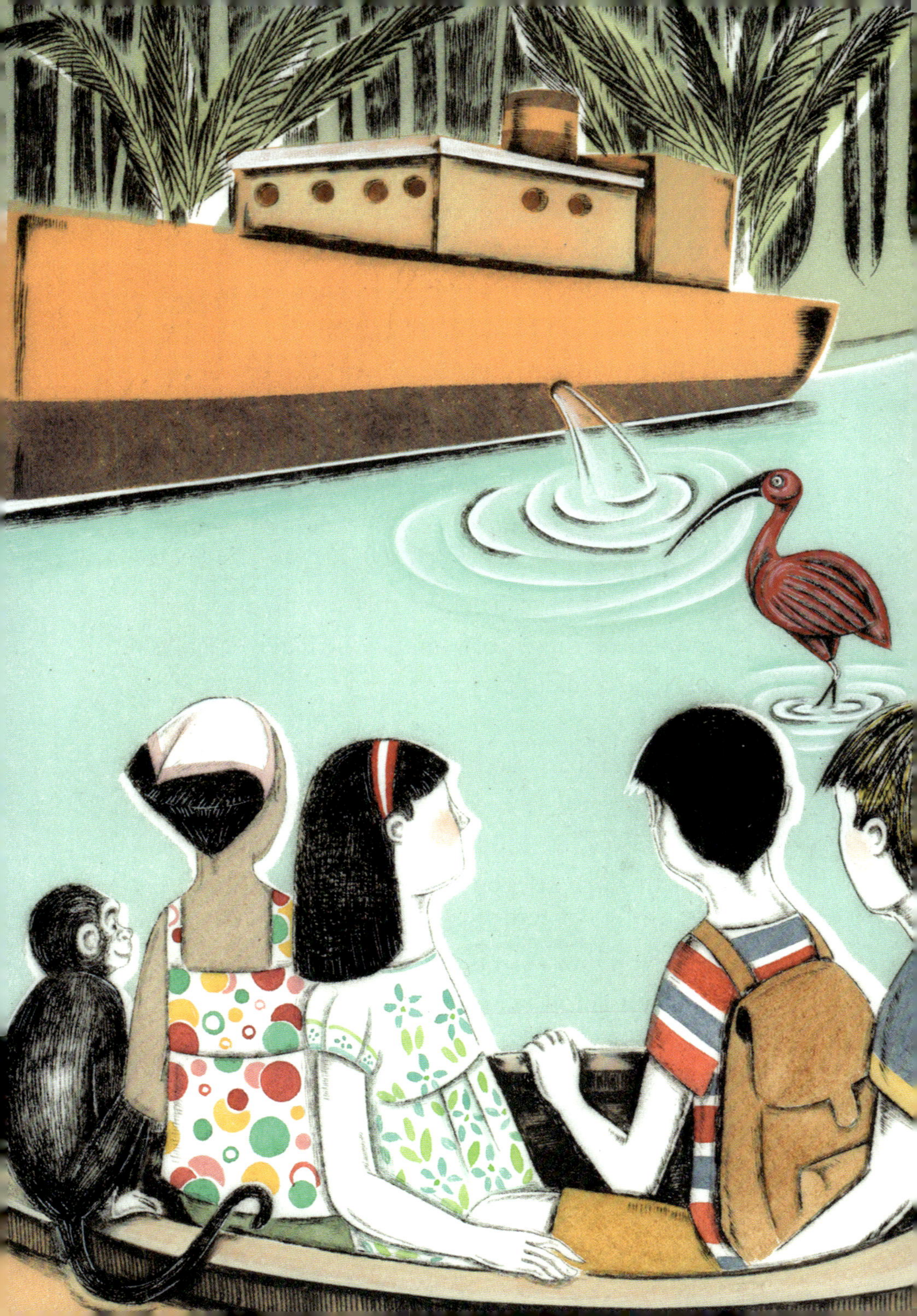

CHAPITRE 4

contiennent de l'or et rejettent du mercure. C'est une véritable catastrophe.

Les jeunes sont scandalisés d'apprendre cela, mais se sentent totalement impuissants.

Ils continuent donc leur remontée du fleuve. La faune est variée et les explorateurs voient pour la première fois des paresseux accrochés aux branches des arbres. Robert est content de pouvoir recueillir différentes espèces de grenouilles colorées :

— Attention, celle-ci est très venimeuse, dit-il en montrant une petite grenouille bleue et jaune très jolie d'ailleurs.

Enfin, l'embarcation arrive à Saint-Laurent du Maroni. C'est le moment de quitter les guides Amérindiens et Mono. Naïma voudrait garder le petit singe et propose de le mettre au zoo de Robert.

— Non, mais ça ne va pas ! s'oppose Zacharie. C'est un animal sauvage, il doit rester dans son milieu naturel.

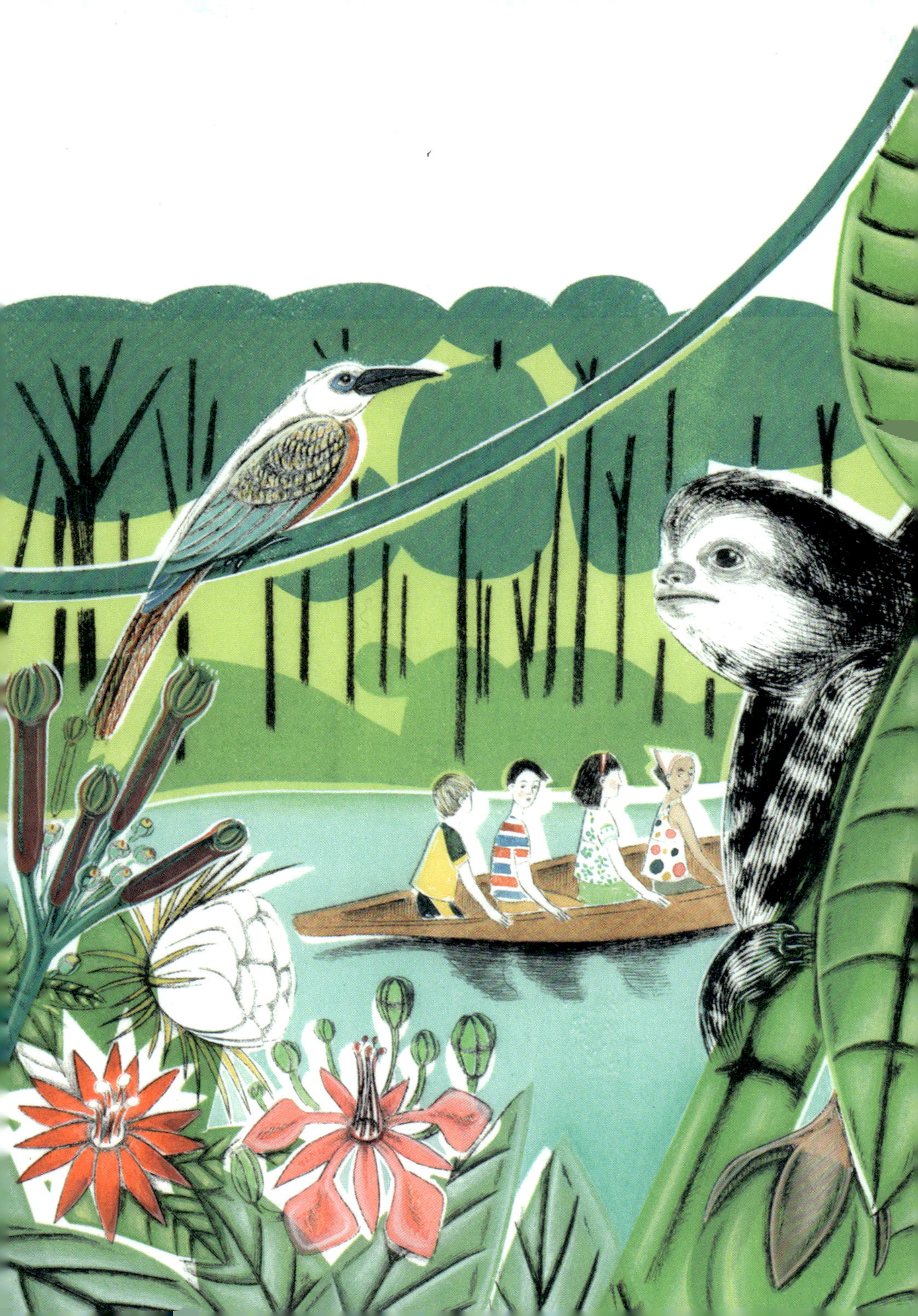

CHAPITRE 4

— Excuse-moi, je sais c'est égoïste de proposer ça. C'est parce que je l'aime.

— Moi aussi je l'aime et tout le monde l'aime, mais il faut penser à lui !

— Zacharie a raison, ce singe doit se reproduire et vivre en liberté.

Tout le monde caresse une dernière fois le petit animal. Ensuite, c'est le moment de quitter les guides. On les remercie vivement pour leur aide précieuse et on s'embrasse. Une belle amitié est née et la tristesse est dans tous les regards.

Saint-Laurent du Maroni est un premier retour à la civilisation après ces jours de navigation et de jungle à perte de vue. Monsieur Bercault raconte :

— La ville est célèbre car c'est ici qu'en 1880, on a installé le bagne. Pourtant, l'histoire du lieu commence très très loin. Les premières occupations, attestées par des recherches archéologiques, remontent à 7000 ans.

AU CŒUR DE LA GUYANE

Depuis des jours, les jeunes n'ont pas mangé à leur faim et rêvent d'un bon repas.

Norman les emmène dans un lieu typique où ils vont pouvoir goûter aux plats du pays :

— La cuisine de la Guyane est métissée et épicée. D'ailleurs, qui ne connaît pas le piment de Cayenne ?

— Je connais, dit Maya... Ma mère l'utilise souvent dans ses plats.

— Ce piment a été découvert par Christophe Colomb. Il est rouge et petit, mais très fort !

— Mais, il existe aussi le poivre de Cayenne, précise Zacharie.

— Oui, c'est vrai, mais il ne faut pas confondre les deux.

En entrée, les adolescents choisissent des accras, puis en plat sur les conseils de Norman, ils goûtent les fricassées, sorte de ragoût de viande.

Le soir, on leur propose de participer à une initiation à la danse créole. Les jeunes héros s'endorment bien vite le soir dans leurs hamacs.

Activités de post-lecture

Compréhension

1 Réponds aux questions.

Quelle réputation a la ville de Maripasoula ?
Pas très bonne.

1 Qui peut-on rencontrer ici ?
....

2 Pourquoi la police intervient-elle ?
....

3 Qu'est le Maroni ?
....

4 Où se situe-t-il ?
....

5 Pourquoi le Maroni est un lieu hors du commun ?
....

6 Pourquoi Naïma est-elle égoïste ?
....

7 Où doit aller Mono ?
....

2 Remets les phrases dans l'ordre chronologique.

- [9] Robert est très content.
- [ ] Les jeunes sont scandalisés.
- [1] Le groupe de jeunes explorateurs arrivent à Maripasoula.
- [3] Les amis ne se sentent pas en sécurité ici.
- [4] Robert recueille différentes espèces de grenouilles colorées.
- [5] Les orpailleurs provoquent le déboisement de sites naturels.
- [ ] Mais, ils assistent à une arrestation.
- [ ] Ils voient une grosse barge d'orpailleurs sur le fleuve Maroni.
- [7] Ils voient aussi pour la première fois un paresseux.

Grammaire

3 Complète les phrases en conjuguant les verbes au futur.

Saint Laurent du Maroni (être) ....sera....... un premier retour à la civilisation.

1 Ils (vouloir) .....voudront..... manger à leur faim.
2 Norman les (emmener) .....emmènera..... dans un lieu typique.
3 La mère de Maya (utiliser) .....utilisera..... le piment.
4 Tu (avoir) .....auras..... goûter le piment.
5 Je (découvrir) .....découvrirai..... une ville.
6 Nous (exiger) .....exigerons..... les meilleurs produits.
7 Vous (retourner) .....retournerez..... en Guyane.

Production écrite

4 Les amis ont vu beaucoup d'animaux. Écris quelques mots sur chacun d'eux avec leurs caractéristiques physiques et ce que tu sais d'autre.

5 Continue à compléter le journal de bord de Naïma en employant les mots donnés.

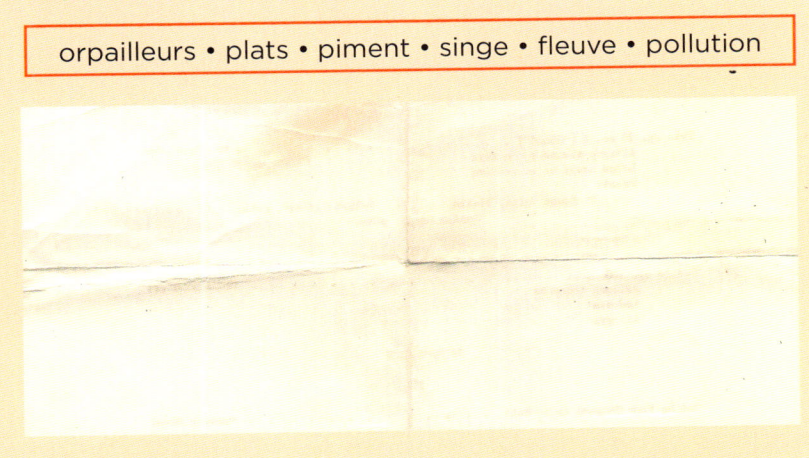

orpailleurs • plats • piment • singe • fleuve • pollution

Chapitre 5

Retour à la civilisation

▶ 6 Le petit groupe a quitté la pirogue. C'est en minibus qu'ils arrivent à Kourou. Le père de Samuel est heureux de faire découvrir cette ville. Il retrouve d'anciens collègues à la base spatiale. Le changement d'ambiance est radical. On passe de la nature la plus sauvage à la plus haute technologie.

Monsieur Bercault explique :

– Le centre spatial de Guyane, le CSG a été inauguré en 1968. C'est de ce site que sont lancés toutes les fusées Ariane, les Soyouz russes ainsi que le petit lanceur italien Vega. Le CSG est la plus grande entreprise du pays. Le site a été choisi pour sa position au niveau de l'équateur. En effet, cette latitude est idéale pour placer en orbite les satellites géostationnaires.

– On peut assister à un lancement ? demande Maya.

— Bien sûr ! C'est prévu.

Un peu plus tard, les jeunes se retrouvent installés dans les meilleures conditions possibles. Depuis un site d'observation, Maya, Naïma, Zacharie et Samuel vivent en direct le compte à rebours, l'allumage et l'envol majestueux d'un lanceur dans la nuit. Pendant environ 35 minutes, les adolescents sont dans un autre monde. Ils suivent toutes les phases du vol sur un écran géant. Maya et Zacharie ont les yeux qui brillent, tandis que Naïma et Samuel retiennent leur souffle.

— Voilà, ça y est, c'est la mise en orbite des satellites, explique Monsieur Bercault.

— C'est extraordinaire ! Merci !

— Je ne pourrai jamais oublier ce que j'ai vu, dit Maya.

Le soir, c'est la tête dans les étoiles et dans l'espace que les amis s'endorment.

Au matin, c'est une autre histoire qu'ils rencontrent. Kourou est certes une ville d'avenir, mais elle a été aussi la ville du bagne de 1856 à sa fermeture réelle en 1946.

CHAPITRE 5

— Il ne reste pas beaucoup de vestiges du bagne de Kourou alors que le pénitencier était implanté à cet endroit, raconte le père de Samuel. On peut encore voir la Tour Dreyfus qui servait à échanger des messages en code morse entre le pénitencier de Kourou et l'île Royale à une époque. Il y avait des installations du bagne un peu partout le long du littoral. Par exemple, vous voyez en face ? Ce sont les îles du Salut. Là aussi, il y avait un bagne. Nous allons y aller.

C'est en catamaran que les jeunes accostent sur les îles du Salut. Celles-ci forment un groupe de trois îlets situés à 15 kilomètres au large de Kourou. La principale île se nomme Royale, la seconde l'île Saint-Joseph et la troisième l'île du Diable. Le groupe d'amis va passer deux jours ici afin de se reposer et de profiter pleinement du site. Sur l'île Royale, ils découvrent les ruines du bagne.

— Ce lieu est sinistre, commente Naïma.
— Oui, c'est vraiment triste…

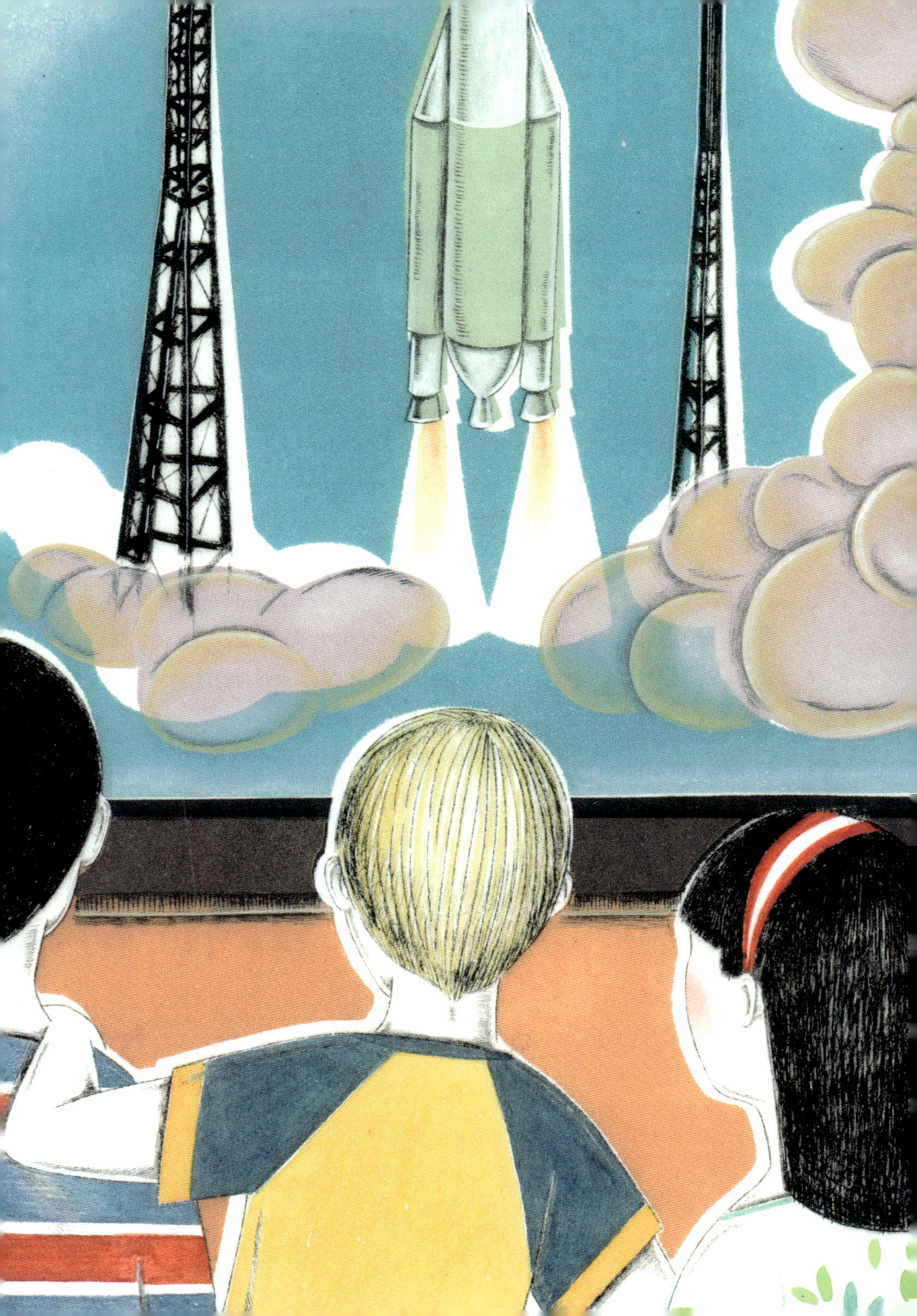

CHAPITRE 5

Ensuite, ils font le tour de l'île ce qui leur permet d'observer différents animaux.

— Regarde ce petit singe blanc, Samuel, tu sais ce que c'est ? demande Naïma.

— Oui, c'est un capucin. Il ne pèse pas plus de 3 kilos, je crois.

— Il est super mignon…

— Et ça, tu vois, c'est un saïmiri. On l'appelle aussi singe écureuil. Il est encore plus petit !

— J'adore…

Samuel et Naïma continuent leur visite. De leur côté, Zacharie et Maya sont très surpris de se retrouver face à un iguane. Il faut dire que cet animal est surprenant !

Les jeunes profitent de leur dernière journée sur l'île Saint-Joseph. Celle-ci est la seule à avoir une plage de coquillages quand les autres n'ont que des rochers. C'est là dans ce paysage de carte postale que Zacharie embrasse pour la première fois Maya.

Mais, tout le monde doit retrouver le catamaran pour repartir. Au port, Maya entend une voix

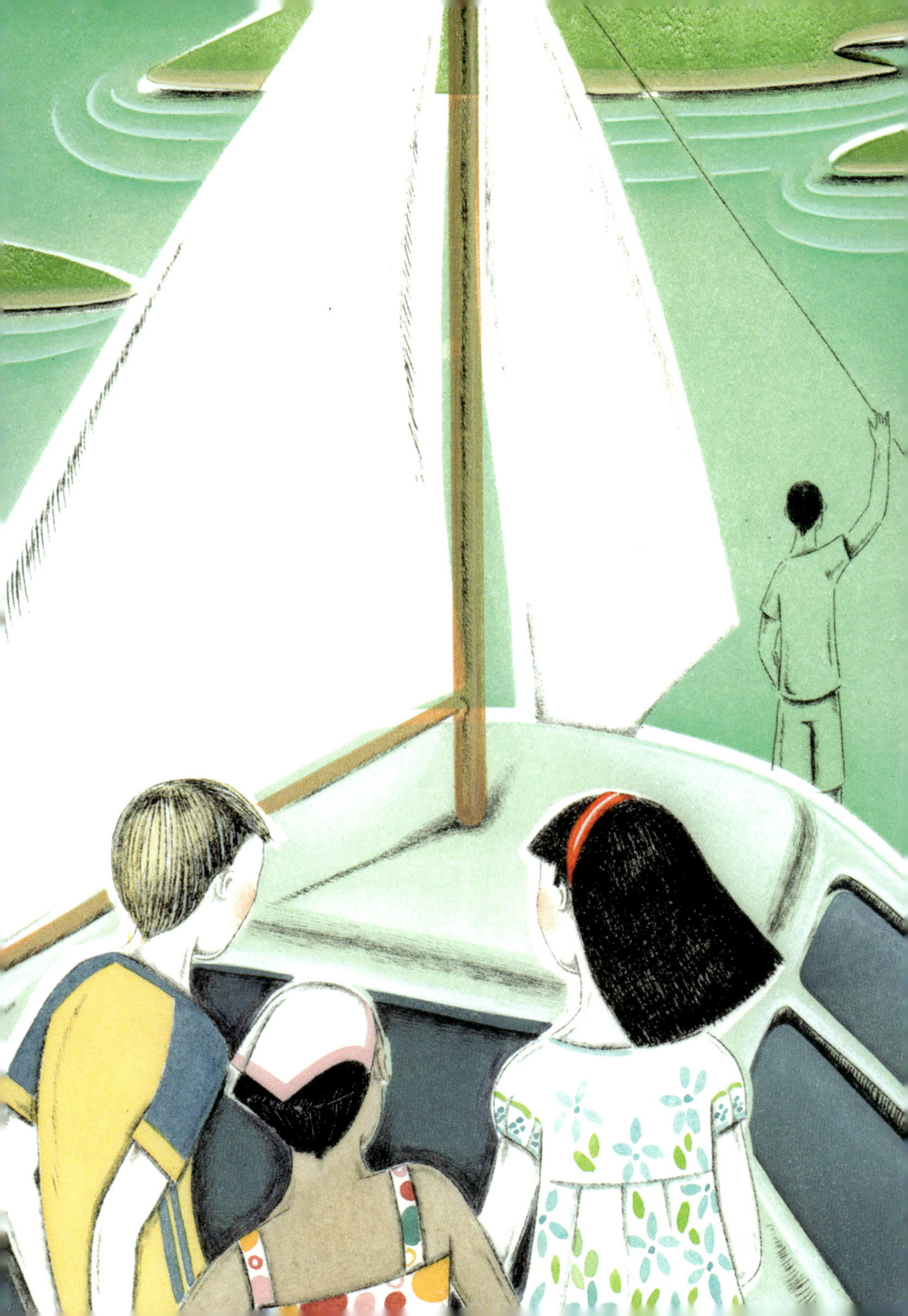

CHAPITRE 5

qu'elle reconnaît aussitôt et qui l'appelle :

— Maya, ma chérie, c'est moi !

La jeune fille se retourne et se retrouve face à son père et à sa sœur qu'elle serre dans ses bras.

— Je suis venu ma chérie. Je sais que c'est difficile de se voir si peu, alors avec ta sœur nous avons décidé de te faire une surprise.

— C'est merveilleux Papa ! Je suis tellement heureuse de te voir !

— Oui, on va passer une semaine ici ensemble ! C'est génial, ajoute Flore, sa sœur.

— J'ai tellement de choses à vous raconter, dit Maya.

Maya présente ses amis.

Pour la dernière soirée, Robert invite tout le monde pour un dîner d'adieu chez lui. Dans son quartier, Naïma admire les jolies maisons créoles typiques.

— Leurs couleurs sont si belles, dit-elle.

— Oui, elles sont très bien réhabilitées et elles témoignent de la culture du pays.

AU CŒUR DE LA GUYANE

L'épouse de Robert pose de nombreuses questions sur l'aventure vécue dans la jungle. Chacun raconte une anecdote. C'est en riant que tout le monde salue Robert.

Monsieur Bercault est ému de quitter le pays. À l'aéroport, Norman embrasse toute la compagnie et offre à chacun un petit bracelet tressé en souvenir. Tout le monde lui promet de lui envoyer les photos faites au cours de leur expédition et des nouvelles par mail.

Une voix appelle les passagers à destination de Paris pour rejoindre la salle d'embarquement.
En haut, dans le ciel, les amis se penchent au hublot* pour admirer une dernière fois l'immense étendue verte à perte de vue qui s'étale sous eux, le poumon de la planète.

Le hublot petite fenêtre ronde de l'avion

Activités de post-lecture

Compréhension

1 **Vrai ou faux ? Coche les réponses et corrige les affirmations fausses.**

		V	F
	Le groupe va à Kourou en Pirogue.	☐	☑
1	Le CSG est le Centre Spatial de Guyane.	☑	☐
2	Le site du CSG a été choisi par rapport au niveau de l'équateur.	☑	☐
3	Il n'est pas possible d'assister à un lancement.	☐	☑
4	Les copains assistent à une mise en orbite.	☑	☐
5	Maya pleure.	☐	☑

2 **Complète le texte avec les mots donnés.**

> vestiges • installations • ville • visite • bagne • îles • littoral • tour

Kourou est une ......*ville*...... d'avenir, mais aussi la ville du
(1) ......*bagne*...... de 1856 à 1946. Il reste peu de
(2) ......*vestiges*...... du bagne. On peut voir une
(3) ......*tour*...... . Des **(4)** ......*installations*...... se trouvaient le long
du **(5)** ......*littoral*...... . En face de Kourou, il y a des
(6) ......*îles*...... . Une **(7)** ......*visite*...... de celles-ci est prévue.

3 Réponds aux questions.

> Qui retrouve Maya ?
> *Son père et sa sœur Flore.*

1 Combien de temps vont-ils rester ?
Ils vont rester pour deux jours

2 Qu'organise Robert pour la dernière soirée ?
Pour la dernière soirée Robert organise

3 Comment est le quartier où vit Robert ?
Il y a beaucoup de maison creole

4 Qu'offre Norman à chacun ?
Norman offre un petite bracelet tresse

5 Comment appelle-t-on la Guyane à la fin du texte ?
Il s'appelle le poumon de la planète

Grammaire

4 Complète les phrases avec les prépositions devant les noms de pays et de ville.

Ils retournent ...*en*... France.
1 Maya habite ...*à*... Toulouse.
2 Le père de Maya vit ...*en*... Belgique.
3 Robert est installé ...*à*... Kourou.
4 L'avion s'arrête ...*à*... Paris.
5 Ils voudraient aller ...*au*... Brésil maintenant.
6 Flore revient ...*aux*... États-Unis.
7 Es-tu allé ...*aux*... Antilles ?

Production

5 Maya est restée une semaine de plus que ses copains. Elle leur envoie une carte postale. Imagine ce qu'elle leur a écrit.

Gros Plan

La Guyane, une France du bout du monde

La Guyane s'étend sur une superficie de 83 846 km². C'est de ce fait le plus grand département français dont Cayenne est le chef-lieu.

Le nom de Guyane signifie « terre d'eaux abondantes » en arawak, la langue amérindienne.

96% du pays est recouvert par l'Amazonie. La faune, même en ville, est très importante. Un oiseau très fréquent est l'ibis rouge, un oiseau au plumage rouge dont les plumes servaient de parures aux Indiens. Aujourd'hui, leur chasse et leur capture sont interdites.
On compte aussi plus de 400 000 insectes !

Les paysages

Il y a trois grands types de paysages.
- La mangrove : il s'agit d'une immense forêt de palétuviers qui pousse dans la mer. Ses arbres doivent résister à l'eau salée et à la vase.
- La savane : elle se situe le long de la côte. Il y pousse de l'herbe. C'est un lieu de reproduction pour les animaux.
- Les fleuves : on en compte quatre principaux : le Maroni, l'Oyapock, la Mana et l'Approuague sur lesquels on navigue en pirogue.

Le climat

La Guyane a un climat équatorial : chaleur constante, grande humidité atmosphérique et pluies régulières.

Le Carnaval

Le Carnaval commence le jour de l'Épiphanie et se termine après la mort de Vaval le mercredi des Cendres. Cette fête rime avec plaisir : c'est le moment de se mélanger ! Les participants portent des costumes en forme d'animaux, d'extraterrestres, de fruits ou même de légumes.

Les personnages du Carnaval en Guyane sont :
- la Touloulou : c'est une femme déguisée de la tête au pied, dont on ne voit pas le visage. Elle a une voix aiguë.
- Jefarin : c'est le monsieur de la bande de touloulous.
- Sousouri : elle court après les enfants curieux.
- Karolin : elle porte son mari sur le dos.

Gros Plan

Les centres spatiaux

Le Centre Spatial Guyanais (CSG) est une base de lancement française et européenne. Mise en service en 1968, c'est d'ici que partent les fusées Ariane. Celles-ci sont utilisées pour le lancement des satellites de télécommunications. C'est aussi de Kourou que sont lancés Vega et Soyouz.

Il est aussi possible de visiter le centre. En effet, des visites sont organisées pendant la préparation des lanceurs et des satellites. Un circuit gamme lanceurs (Ariane 5, Soyouz et Vega) est proposé aux visiteurs le matin et l'après-midi, sur réservation.
Par contre, la veille, le jour d'un lancement et le lendemain, les visites sont annulées. En fonction des opérations, les circuits peuvent être modifiés.
Le CSG s'étend sur 690 km^2. Le site étant protégé et la chasse y étant interdite, le lieu est devenu une sorte de parc naturel pour la faune sauvage où les animaux profitent d'une grande tranquillité. C'est une autre façon de découvrir le CSG !

La Cité de l'espace de Toulouse est un parc à thème scientifique orienté vers l'espace et la conquête spatiale.
Ce lieu unique propose de découvrir de vrais engins spatiaux grandeur nature. Il est même possible de monter à bord du vaisseau Soyouz et de tester le vide ! Attention aux objets qui volent !
La Cité de l'espace perce les mystères de l'espace pour le grand public : mise à feu, exploration du système solaire...
Le public peut aussi tester l'apesanteur comme dans l'espace ! En plus de toutes ces activités, des expositions complètent et approfondissent les connaissances des visiteurs sur les pierres spatiales et autres objets.
Un tour dans l'espace qui n'est vraiment pas un détour !

Test final

1 Vrai ou faux ? Coche les bonnes réponses.

	V	F
1 Les amis qui partent vivent tous à Toulouse.	☐	☐
2 Samuel a peur de partir.	☐	☐
3 Le vol pour Cayenne dure 19 heures.	☐	☐
4 Robert est le directeur du zoo de Cayenne.	☐	☐
5 Norman est un ami de Monsieur Bercault.	☐	☐
6 Le moucou moucou est un animal.	☐	☐
7 Quand Maya ouvre un coffre, un serpent lui passe entre les jambes.	☐	☐
8 Ils dorment tous dans des hamacs.	☐	☐
9 Personne n'est fatigué.	☐	☐
10 La saut du Grand Canori est une immense cascade.	☐	☐
11 Une nuit, un orage endommage les provisions.	☐	☐
12 Les guides sont inquiets.	☐	☐
13 À Kourou, les jeunes assistent au lancement d'une fusée.	☐	☐
14 Zacharie embrasse Maya.	☐	☐

2 Trouve les mots qui correspondent aux définitions suivantes.

1 C'est l'embarcation qui transporte tout le monde sur le fleuve.
....

2 C'est un oiseau au plumage rouge.
....

3 Il vit dans l'eau et hors de l'eau où il pond des œufs qu'il protège dans un nid.
....

4 C'est un petit mammifère joueur et voleur de lunettes.
....

5 C'est une araignée impressionnante mais non agressive.
....

6 Ce sont des chercheurs d'or illégaux.
....

Contenus

Vocabulaire
La géographie
Les animaux sauvages
Les maladies

Grammaire
Les adjectifs qualificatifs
Les pronoms relatifs
L'imparfait
Le futur
Les prépositions devant un nom de pays ou de ville

Lectures ELI Juniors

Niveau 1
Maurice Leblanc, *Arsène Lupin le gentleman cambrioleur*
Maureen Simpson, *À la recherche de l'ami disparu*
Théophile Gautier, *Le Capitaine Fracasse*
Dominique Guillemant, *Le chant magique*
Antoine De Saint-Exupéry, *Le Petit Prince*
Charles Perrault, *La Barbe bleue et autre contes*
Domitille Hatuel, *Au cœur de la Guyane*

Niveau 2
Alexandre Dumas, *Les Trois mousquetaires*
Jules Renard, *Poil de Carotte*
Maria Luisa Banfi, *La terre est ronde*
Maria Luisa Banfi, *Le Souvenir d'Égypte*
Anonyme, *Tristan et Iseut*
Chrétien de Troyes, *Perceval ou le conte du Graal*
Louis Pergaud, *La Guerre des boutons*
Domitille Hatuel, *Intrigue au cirque*
Jules Verne, *Deux ans de vacances*
Domitille Hatuel, *Je t'aime Paris !*

Niveau 3
Gaston Leroux, *Le Fantôme de l'Opéra*
Anonyme, *Le Roman de Renart*
Prosper Mérimée, *La Vénus d'Ille*
Maureen Simpson, *Destination Karminia*
Mary Flagan, *Le journal de Valérie*